# ALMAS EN VUELO

Dedicado a Ingrid

AF209074

Autor : Jonor Normaya

Año publicación : 2021

Editorial : BOD

Web del autor : agnorses.com

Web editorial : bod.com.es

9 788413 264585

# SENTIRTE

Subo al monte de los deseos
y observo tu presencia,
son tus labios, son tus ojos,
es todo el ámbito perfecto
de tu sonrisa...

Y así me recreo,
diseñando en tu mirada
la caricia pura y extendida
de mis ansias.

Cálido y frágil beso me regalas
si alumbro con mis dedos
tus palabras...

Es todo mágico ,
hasta la sombra que te alarga,
los sonidos de tu calma,
las antorchas que iluminan
tus andanzas.

Eres luz en la esperanza,
así que dibujo en mi,
el escudo de tu espada,
como hidalgo perpetuo
que viviera en tu alabanza.
Soy afán de ser tu hada,
de ser y no ser nada,
cuando me miras y te callas.

Y en este monte febril,
si hablo,
se derrumban las estancias,
se limita mi templanza,
porque en mi caricia vive
tu color ámbar,
ese palpito junglar que sostiene
nuestras almas.

Es un pálpito de sangre y silabas,
es el tono de tus auras
que riegan de acento nuevo
mis letras finas y doradas...

Como pude no existir
cuando tú no estabas,
como pude haber amado
sino vi temblar tus nadas,
como pude ver y seguir viendo
que no eran brindis en tus áreas,
era sólo la ilusión
de este presente etéreo
que me regalas.

# IMAGINARTE

Viajar en tu vientre
como astronauta ligero
que descubriera mundos nuevos,
y ser el piloto inventado
de la nave de tus cuentos,
allí donde imaginas las nubes
de tus anhelos
y generas los vientos de tu
cálidos  lienzos,
donde todo es ámbar, música
y a la vez silencios.

Icónico ámbito nuevo que me arrastra
a tus dedos,
donde siento ser el dueño
de nuestros bamboleos,
mientras tú me das un Sol
que calienta y sonríe
y yo te alimento en mi energía,
que fluye como eléctrico universo..

Es armonía en dosis de infinito oleaje
y es dulce compostura que drena
en mi tus dunas,
como lunas en noviembre,
como sangres otoñales
de idénticos ramajes..

Es en ti la imagen de mi ángel
como un reflejo azul
que alienta mi linaje,

que oronda mis caricias
y las devuelve más grandes..

Eres tu princesa
de un paraje emocionante,
eres tu presencia
que ilumina mis instantes,
que imanta mis mañanas,
y enriquece las estrellas
en mis viajes.

Y así he vivido en ti,
dando distancia a todo
y sin distanciarme.

# FUNDIRME EN TI

Salgo, bailo y me regreso en mi,
es el ritual perimétrico de mis sueños.

Saber de ti a través de la noche,
como si te conociera siempre,
como si te necesitara siempre...

Y ahí siento el calor de tu recuerdo
y me fundo en él, saboreándolo.

Disfruto tu cuerpo mientras medito
y tus manos me animan a fundirlas
en mis labios
como alimento...

Es el recuerdo perfecto
de nuestros íntimos momentos,
de nuestros elegantes movimientos,
tu en.mi, yo en ti,
como soldados del viento,
haciendo brisas de aire tibio
como liquido elemento.

Es el mágico axioma de un acto,
que ya son cientos...

## ALMAS VOLANTES

Lavar las piedras del alma
en el vacío biblico de tu corazón,
dónde no crees en las mareas
de un sueño
ni en las alertas del faro cósmico
que te habló.

Ser en ti y ser doliendo el dolor
advertido.
Ser de ti el adviento vivido
y dolido de mi.
Ser por ti el olor plásmico
de una canción.
Ser sin ti una avenida lívida
y sin palabras..

Alejar de mi los miedos que fallecen
y en ese luto plagiar,
ver crecer tus besos
y hacer de tu lengua
el nido de mis deseos...

Seguirte y saber de ti para emularte
como el pájaro monocolor que
persigue el arcoiris
y relata en voz muy alta los
proverbios de su padre.

Ser la fuente de un desliz
que se abre y se comparte.
Ser el aura de un latido

en el intimo concierto de una frase.
Ser sentir y ser vivido,
como la playa delicada
donde mecen las olas sus instantes.

Eres flor, eres sonido,
eres fluido radiante.
Eres fresco elixir de oros y diamantes,
joya del sol,
piedra elegida de vida
que derramaste.

Almas en vuelo.

Almas sin aterrizaje.

Onírica emoción de luz que me
buscaste…

Soy sombra y brillo constante.

Soy tu ser de ser vivido y ser amante.

Elixir que abrazas la muerte
para detonarte.
Mirada azul, mirada enorme,
mirada que castiga el aire....

Manzana elástica del hambre
que devora mis entrañas
y huye de mi desastre.

Si tu no bulles en mi,
ser en ti es mi oleaje...

## ADMIRARTE

Campanas sónicas me hablan
en tono tántrico,
y deslizo mi orilla cálmica
en la palabra misma.

Es amor multiverso de infinita oración,
de gigante océano de almas,
es amor al alba, es amor en calma.

Sueño en tu piel desnuda y me relaja,
vibro pureza de olores y mantras
porque me abrazas...

Es así tu maravillosa estampa,
como núcleo celular
de alivios y danzas,
como el baile singular del despertar
de tus mañanas..

Y en mi andar errante
de luces malvicas,
siento tu aroma excelso
que me desplaza,
como santuario infantil
que me derrama,
por eso y por mucho más,
sólo puedo decir... Gracias

## TU POETA

Soy ministro del amor,
es designación del alma
que calibra en mis suspiros
la importancia de tu plasma..

Herida esta mi sonrisa
por las lluvias de tu aura,
mojan mi ser de sed,
de playas limpias y mantras.

Soy sonido en tu mirada,
soy ola del azar en tus mañanas,
soy palabra, logos, verso
y mano dibujada...

Soy nubes de ambiente cálido
que se posan en tu cama.

Soy ese hombre crecido
por las ondas de tu alma.

Me gusta ser el poeta
que te canta y te retrata,
el diseñador perpetuo
de tus mágicas estampas...

# DIBUJARTE

He soñado amarte
en un valle fértil de sonrisas,
he visualizado en un segundo
mis venas en tu vía,
en tu camino cuántico,
en el paseo lúcido de tus pálpitos.

He venido a ti y te he admirado,
así crecí mis huesos
en la caminata mutua que me diste,
así alimenté mis besos
en el túnel de tus suspiros.

Siempre supe de ti
aunque no vinieras,
siempre viví en ti
aunque de mi huyeras.

Al comienzo de todo,
todo existió y fue místico,
fue el principio del calor
que sentí en ti,
fue el perfume
que me regalaron tus auras...

Te dibujo en palabras y eres perfecta,
aunque quieras imitar
las transparencias del alba,
siempre sabré que en ti,
todo es sabor y todo es magia...

## AMADO

He cambiado las páginas
de mis recuerdos
y he puesto láminas
de añil lúcido y dorado,
he abierto el pasadizo
de todo lo creado
y se hizo añicos el espejo
de aquel intimo pasado..

Soy nube de reflejos
y pálpitos salados,
así el ángel de la lluvia
me intima cabizbajo
y me rodea con su aura
en su esplendor alado...
Soy nacido de elementos
que confluyen delicados..
Soy amado..

Es un lugar de azules
que pocos han visitado,
es un paisaje peremne
de rosas dulces,
de ámbar  tímido emanado,
es un valle de palabras
que alzan su voz unidas
y alimentan de calor
cada verso de mi mano.
Soy amado.

Es un eléctrico desmayo,
sentir en mis entrañas
el fluido de tus auras,
el elixir de tus logos
se derrama en mi garganta
y me adora muy oculto
en esta mistica, real
y mágica nostalgia..

Así es nuestra química y alianza,
así es el mástil perpetuo
de nuestra nave cuántica.

## POTENTE LUZ

Soy el dibujante de mi vida
y de mi.muerte,
tengo millones de colores
en.mi paleta,
abro el sonido de arte que brilla
natural y tenue
y así mis labios conjugan
la silueta de tu lente
con la que miras mis ojos
mientras sueñas y duermes..

Es casi noviembre
y no me duele
ni el alba, ni la luna nueva,
es casi noviembre
y me deslizo en estrecha humedad
en el éter de tus siempres
donde descansan los nudos
de miles de serpientes…

Eres eterna lengua mágica y silente,
nueva, distante y no distante
y siempre tan potente.

## LOS POETAS

El ave surcó los mares
y me trajo buenas nuevas,
al oido me susurró,
consignas y estrellas,
de lo inmenso habló
y de las extrañas cuevas,
donde refugian sus almas los poetas.

Ella era el ave de los cometas,
como una estela fugaz de marionetas
que turba, distancia, ahueca
y nos desvela,
una sustancia gris ella refleja.

Son momentos en sangre,
me dijo alerta,
cuida de ti, de él y también de ellas,
no te olvides nunca de las mareas,
los pinos, naranjos, mangos
y las palmeras.

Bailo azufre sin sal, esa es mi huerta,
mi mano se abre a la par
que tus cadenas,
y huyes de aquel espacio total
en fiebre abierta,
que cristal, humo y negrura
siempre refleja.

Soy limítrofe contigo y con tus huellas
y así sé de ti, mirada experta,

y así también de mi, si me conectas.
Grita sin palabras, enérgica potencia,
que alumbra los sonidos
de los planetas,
somos por fin el agua que se maneja
y se vierte en torrente
por las lagunas viejas.

Soy delfín del oráculo sentido,
a que tienes miedo, si no he venido,
sólo he creado un Sol en tus oídos
y he llorado despierto
en tus versos, ya nacidos.

Soy así, como querido,
como amado y bien vivido,
un reflejo del amor que me has leído
en los campos literarios
de los folios zaheridos.

Musa fértil del camino,
canta conmigo eniesta y da un silbido,
así veré tus ojos peregrinos
abrir la puerta del mundo
a los divinos...

## NO ESTAS

Sed de ti, paloma hiriente,
centro anular de fugas tan calientes,
blanca presencia,
instinto de mi vientre,
espuma y humo sutil que me divierte.

Abril juega conmigo
en una caja de mil cierres
y suena el tambor frugal
de oral simiente,
soy señor y parte,
de tierras nuevas del oriente,
como un nacimiento eterno
que en oro se convierte...

Dame duende, tu pausa decadente,
yo he de firmar mis lágrimas hirientes
y soñar desnudo
como un ser terrateniente..

Así me calmo en los días
de tu ausencia,
cuando tu regreso
se hace enorme en mi presente
y siento salir de un cuerpo
que no siente
para viajar, volar
y hundirme etérico en tu vientre...

## SI PIENSO EN TI

Si pienso en ti,
y es así desde este alba
y otras aquellas albas,
se unen las piruetas de mi tino
que festeja mis letras,
silabas y darmas.

Si pienso en ti,
que siempre pasa,
son fuegos de alegría
los que orientan mi sentir,
son dibujos locos
los que airean mi vivir..

Si pienso en ti,
así eres dama,
sueño de ti princesa tan encantada,
no hay beso ni manzana,
aunque si duermo febril
el deseo que no calma.

Si pienso en ti
es maravilla
y lienzo de azules malvas,
es poesía de aromas
que me trasladan
hacia tu boca desnuda
en mi mano blanca.

Si pienso en ti,
soy caballero dulce
que armonía brinda
en todas sus palabras.

Si pienso en ti...

## VOLAR EN TI

Ambrosías de cáliz tan dorado,
alejan el manto verde de los llantos
y suben nubes
que son cientos de cantos,
alllí nacen las lluvias fuertes
los veranos.

Fuiste elegida por el duende
de los bosques nobles,
míticos y ancianos,
que devoran luz
en las puertas sagradas
y oran como dioses renacidos
en las palmas de tus manos...

Fuiste elegida,
lo sé, lo he soñado,
y ando escondido en tus dedos
como un sabio.

He creído en ti y así me he levantado,
es el efecto múltiple
de un diseño alado,
vuela en mi, vuela en ti,
vuela en ambos,
vuela como un disco deslizado
y en el aire se acomoda
eléctrico y saciado.

## GRACIAS CORAZON

Gracias corazón,
Eres el santuario cósmico
que ilumino mi tinta,
y derramó en mis páginas
la magia coral
de una sinfonía kármica,
nada nació sin ti, todo nació por ti,
fuiste la luz que brilló en mi pluma
e hizo plasmar en ella las palabras.

Gracias corazón,
frágil pintura de millones de colores
que difumina el son de mi soñar,
como amanecer de almas en sangre,
como intimo cuento dormido en mi.

Gracias corazón,
corazón de mujer mágica,
de princesa amada,
de cabalgata dorada
que alumbra el mar
con la canción vibrante
de miles de playas.

Eres pálpito en mi cama
y dulzura de olores que me aman
como pulso angular
de roces y mañanas.
Eres agua
y eres palabra.
Gracias corazón.

## CUANDO TE VEO

Mientras llega el día
la noche duerme mis deseos
de ser tu ángel,
de anclar tus bailes en mi almohada,
de hacer deseos juntos
que tú te callas.

He orado en mi como creyente fiel
y asi vienen a mi los ríos del mundo,
los que hacen de mi centro
un gran océano,
los que crecen en mi ser
cada vez que te veo.

Abrazos creo,
cuando vienes a mi lado,
en tu sonrisa me libero y me recreo
y me hundo en tu cintura
como guerrero
que desea amar la espada
que nace siempre
en las orillas amadas
de aquel lago tan nuestro.

Besos sueño,
besarte siempre
en cientos de momentos,
besarte como nunca
en los vientos de mi ego
y salir desnudo
en tus sombras que rodeo,

salir alzado y radiante,
cuando te veo...

Cuando te veo,
mi mundo se descalza por respeto,
mi calma se adelanta a tus pliegos,
mi oración es cuna de orientes
y mítico reflejo.

Cuando te veo,
aunque sea en las horas de mi sueño,
todo es viento y todo es nuevo,
como un huracán silente de deseos,
como una ráfaga de abril
aunque el frío me lleve en su deshielo

Cuando te veo,
son anuncios de mi paz los que te llevo,
son delirios de nostalgias
y mundos paralelos,
son magníficas y distantes
nuevas líneas de mi tiempo.

Cuando te veo,
Imagino miles de canciones
en tus senos,
bailes que te rodean
y hacen de mi un bailarín de fuego,
danzas mutuas y eléctricas
que caminan en tus dedos..

Cuando te veo...

## MARES TIERNOS

Se derrumban los mares
en mis ojos tenues,
una ciencia oscura y negra
quemó mi fuego,
era el laboratorio azul
de aquellos juegos,
en los que tu sombra
me hablaba eniesta,
como pedazo de oro
que se hizo lento.

Ruego a las almas,
pureza desde dentro,
una caricia suave
que exista en nuestros dedos,
una lámina perdida
que llegue al fin desde tus vientos.

Esos son
nuestros líquidos momentos,
vienen, van, juegan, suben
y se aligeran dentro,
en tu corazón dolido,
en mi tino abierto,
así son los mares de nuestros juegos,
como dulces palabras
en olor de caramelo.

## FUI UN MAESTRO

Palmera en jugo
que se desnuda libre,
armonía de verdes movimientos,
orondos frutos en tu nacimiento,
lujo y poniente
en tus retinas de agua.

Calas perfectas de arena
y sueño eléctrico,
fundí mis olas salvajes
en tus íntimos fuegos,
y así , al fin, como suaves aleteos,
llegaron a mi tus manos y tus dedos,
fui un maestro.

Era elegido el dulce tintineo,
ese que brilla acuoso
en tus jugueteos,
aquel que desliza
el manto de mi universo
y pacta en mi desnudez
todas las reglas del juego.

Fui un maestro.

## SABOR DE LUNA

Sabor de luna,
elixir dorado,
canto de almas silentes
que me derraman...

Pálida instrucción de silabas góticas,
me llenan de luz y son simbióticas,
como el parámetro lucido de tu alma
que riega, aromatiza y luce mi calma.

Eres una Diosa devenida,
desde aquel abismo
sin reglas ni danzas,
sin hojas terrestres
ni paladares, ni estampas...

Son sólo mis aires los que abalanzan
los oídos del viento en tus estancias.

Has nacido entre los huecos
de mis auras,
donde nada cabía
y ya ni nadie estaba,
donde  profundas voces
me adoraban,
donde el Sol cierra sus brillos
y me reclama...

## SOY TESTIGO

El audio de un escrito
ha herido mi voz y me ha dormido.

Era noviembre y soy testigo.
Apariencias y sombras
en.los detalles,
todo es nube negra
y de azabache filtro.

Pandemia,
oí decir a un niño,
y de repente el azul del viento
era dolido,
las playas sonaban solas
y eran delito.

Tu me dijiste en mi mano,
soy tu amigo,
y así dibujando los dos
las ramas del olivo,
fuimos al tiempo sucre de tus delirios.

Es triste, es intimo,
es así y soy testigo...

Pandemia en tus ojos,
como mar herido,
pandemia en los mios,
bajo el árbol suave de mis suspiros.

He crecido como hombre
y la tierra me susurró
todos los sonidos,
nada era mejor ahora,
todo estaba en ti como un aullido,
el dolor de los ríos llorando
y los juegos dando sangre
que me ha dolido.
Soy testigo.

No soy tu sombra,
no soy tu amigo,
solo soy el devenir
de todos mis sentidos...
Sólo soy un hombre más
que camina sin sentido
y que amplia su horizonte
en un devenir creado y de castigo.

Soy testigo...

## MAGIA CUÁNTICA

Dientes que emanan hierbas
y colores sufridos,
y tu sonrisa vive libre en mi cariño,
en mis olas salvajes como azul vivido
y así flotamos juntos
en la nube de un destino.

Eres olor y dulce recorrido,
eres fresa de añiles tibios y bien oídos
eres flor, perfume de azahar
y sol llovido..

Rugidos mántricos,
fugaces vaivenes
en tus lunas abiertas
y tus labios vérsicos
en oración de dulce pauta,
onírica canción y radiante nota,
cuando tus pies
andan en la noche tierna.

Delirio mágico.
Savia cuántica.
Eterna estrella lavica.
Navegantes olas de ceniza etérica.

## TU ALMA ME HABLA

Tuve en mi mano el pincel creado
y abrí la mano en calma y homenaje,
te oí decir que tu alma no me hablaba
y cada día a todas horas
yo la escuchaba.

Tu voz se hizo crema
en mi piel blanca,
tu caricia se hizo desnuda
en mi palabra
y así juntos los dos creamos magia,
mundos unidos de sal y savia,
cósmica lluvia de distancias.

Al son del mejor tambor
vuela el ángel devenido,
surge dulce y medio herido
cuando tu sonrisa baila
en mi vientre tibio.

Es en ese trance de sonidos
dónde reina amor
mi liquido y efervescente camino,
es en ese torrente perfecto
de suspiros
donde yace terrestre
mi éter y mis latidos,
es en ti y en tus susurros
donde existen letras, palabras
y varios libros,
párrafos , estrofas

y versos siempre mios.
Es en ti donde yo escucho
la etérea silaba cósmica
que me ha vencido.

Es en ti mi sueño
como universo definido...